ARRITMIA

ARRITMIA

VI PREMIO DE POESÍA
HISPANOAMERICANA FRANCISCO RUIZ UDIEL

CARLOS EMILIO ZAVALA

Valparaíso
EDICIONES

Número 477 de la Colección VALPARAÍSO DE POESÍA
dirigida por FEDERICO DÍAZ-GRANADOS

Diseño de la colección y de la portada: Chari Nogales

Maquetación: Ciclo Creativo
Imagen de portada: Francescoch

Primera edición: marzo de 2025

Un jurado compuesto por los poetas Federico Díaz-Granados, Gordon E. McNeer, Fernando Valverde, y la traductora Nieves García Prados, concedieron por unanimidad el VI Premio de Poesía Hispanoamericana Francisco Ruiz Udiel, que honra la memoria del poeta nicaragüense, a *Arritmia*, de Carlos Emilio Zavala.

Para mi familia, Kaochi y Alej.
Para los amigos, poetas y maestros con los que he coincidido
en este espacio público habitable: la poesía.

ARTÍCULO DE OPINIÓN DESDE LA TUMBA

Ya no vengan, ¿para qué?
Mejor nosotros vamos.

Propongo hacer un día de los vivos
en el mundo de los muertos,
donde los que sienten el peso de la vida en las espaldas
descansen en paz, aunque sea un ratito.

¡Anímense!
Podríamos liberar el corazón de la rutina,
los pulmones de la agonía del smog
y los oídos de las alarmas.

Mejor nosotros vamos,
así los muertos nos recibirían con entusiasmo,
no existiría la falsa moral que habita en la nostalgia:
Nos dirían "¿para qué vienes?
Cuando estaba viva ni me querías"
o, al contrario, escucharíamos
los "Te extraño" más sinceros.

Se acabaría el lucro,
ellos se disfrazarían de carne
y nosotros dejaríamos los huesos.

Ya que no vengan. Además…
¿En serio creen que los muertos quieren venir?
¿En serio creen que les gusta transitar por estas calles?
Aquí las risas son menos,
las velas y las flores son más caras.

Que no vengan los muertos.

En una de esas los secuestran
y los quitan del camino,
no vaya a ser que no lleguen a probar su comida,
no vaya a ser que no se reúnan con nosotros.
Estoy seguro de que es mejor
que los vivos nos muramos un ratito
a que los muertos corran el vergonzoso riesgo
de morirse dos veces.

CELOFÁN

La mujer camina y mira el cielo
¿Otra guerra? Se pregunta.
Los aviones son *cutters*,
no había azul del mismo tono, resuelve.
Camina y mira hacia abajo para no pensar:
Piensa en fosas clandestinas…

  Mira de nuevo el celofán
deshecho por aviones.

CONSEJO

Alguien me ha dado un puñetazo:
      "No todo en la vida tiene que ser poesía".

Y no estás para ver el incendio,
     para refutar con nuestras bocas tanto golpe
para compartir contigo la ansiedad:
      Este ruido rojo que circula por mis venas
solo es capaz de abandonarme
              si ensucio con él
las cortinas blancas del silencio.

MEMORIA

Acuérdate de mí,
en las miserias de diciembre,
cuando las calles vacías
y la propaganda electoral
cosechen la tristeza.
Acuérdate de mí:
los cigarros son farolas en invierno,
la ceniza, lágrimas de sombra
afiladas por el aire.

Llena de fuego tus pupilas,
convoca a paro general
si el corazón se cambia de costado,
si clausuran tu boca por dar besos...

Acuérdate de mí.

SEMANA SANTA

I

En mi pecho estás tú, un poema,
una ideología que cuestiona
la manta en contra del aborto
que pusieron en el atrio.

Todas las ruinas caben en mis ojos,
como cabe entre mis dientes toda la ceniza.
Este domingo mi saliva sabe a muerto.

Hoy eres un dolor que no se arriesga a dejarme
y que tengo que ocultar bajo mis gafas
para poder sonreírle a la señora
que me vende una palma de domingo
antes de entrar, disfrazado de católico,
al interior de aquella iglesia.

II

¿Hoy no pasa nada?
¿Hoy descansa el morado de la iglesia?
Han venido a pegar el itinerario de la semana:
Viacrucis 1 a las 8. Viacrucis 2 a las 11.
¿Cómo le explicamos al señor que muere el viernes
y resucita el domingo que sus hijos
no se pudieron organizar
y que lo van a crucificar por duplicado?

Este lunes las discordancias religiosas
me han negado tu dolor.

III

Ahora que el clima no molesta
yo debería creer en el olvido.
                    Es difícil.
Camino rumbo al mercado,
oigo el arrullo de las palomas
y miro cómo se persiguen
¿Así mueren las aves?
La carnicería del mercado está cerrada.

Una mujer en bicicleta
hace que este martes
regrese a nuestros días.
"Lo que pueda contaros
es todo lo que sé desde el dolor
y eso nunca se inventa"
leo en *Troppo Mare*[1].

Algún día tendré mucho que contar
 y no habrá nadie que me escuche.

---

[1] *Troppo Mare, Javier Egea.*

IV

Mi estómago cree que te pienso demasiado.
Manifiesta su inconformidad,
se pelea con mi cuerpo, lo parte en dos.

Esta mitad de semana encuentra su lugar
en el calor de marzo
y su viento indeciso:

Que me arranque la cara
y las lágrimas
                    y tu amor por el café.

Quiero llevar un poco de líquido a tu boca,
pero tendría que esperar hasta noviembre
o morirme de una vez
para alcanzarte en las cenizas.

V

No sé si la última vez que cenamos juntos fue jueves,
solo sé que ignorábamos el final,
tu amor por la vida,
mi devoción por tu forma de existir.

Nunca supimos para qué eran las horas,
pasábamos días perdidos en el tiempo,
derramábamos segundos frente al atardecer
hasta que la noche nos llevaba a la mañana.

No sé si la última vez que cenamos juntos fue jueves,
solo sé que ignorábamos que la noche se equivoca,
que no siempre hay otro día,
que nunca supimos para qué eran nuestros labios.

Me da vergüenza admitir
que no recuerdo si fue jueves la última noche
que nos sentamos juntos a cenar.

VI

Los nazarenos doman la mañana
y el excremento de los caballos
ensucia las calles que en otras ocasiones
ensucian las personas.

Unos lloran, otros dicen que el cielo anda triste,
otros solo rezan y se encierran en su cuarto.
Yo observo la quietud con que este viernes
se muere sobre la cabeza de los citadinos
que vuelven tristes a la ciudad:

Sus esperanzas de irse para siempre están en una cruz
y no hay nadie que las baje.

VII

Espero, con los brazos abiertos,
que caigan imágenes del cielo,
que mi cuerpo se empape de palabras,
que mis pies sean besados por poemínimos
y mi piel se enferme de tanto sol
y tantas aliteraciones que llegan con el aire.

Los niños juegan con el agua sucia que sobra del tinaco.
Yo espero, como presagio del porvenir,
poder convencerlos de que la gloria
también llega en oraciones.

VIII

Este domingo delira y nadie hace nada.
Este domingo se incendia y nadie viene a sofocarlo.

Mañana volveré a ser yo mismo.
Habré sobrevivido a estos días de pausa,
a estas horas calientes
que corrompen las venas y los ojos,
a esta fe que corta el cielo
y lo vende en las iglesias.

Mañana por fin descubriré
si el tiempo que se fue
ha muerto con los días
o ha regresado del exilio.

GOYA

Hoy caen sobre nuestras caras
todos los ojos de *El aquelarre*,
hoy conozco por fin las nubes de esta ciudad,
hoy tengo el cuello herido por tus labios
y mis dedos son niños de Goya
que juegan por tu abdomen.
Hoy leo a Aute mientras cantas,
hoy tengo miedo de llegar a la mañana
y ver que te has llevado todo:
los libros, la piel, las muecas del deseo.

MADRID

Un avión abandona
las nubes estriadas de Madrid,
pide auxilio a los tejados,
pero los tejados lo devoran.

Nadie me dijo que la noche era muy corta,
que las aves, ávidas de noche,
huyen del sol, se juntan
a piar bajo la sombra.

Aviones y aves comparten ciudad.

Yo comparto la ausencia de perros callejeros,
la velocidad con que los vendedores ambulantes
recogen su mercancía y huyen de la ley,
esta distancia gigante, burlona
que es nueva para mí:

Al pisar tierra, no he pensado en otra cosa
que no fuera olvidarte...

12:00

Restos de sexo oral,
una cama vacía,
dos cuerpos en ayunas.

La habitación y sus paredes
nos parecen espantosas,
te leo dos poemas de Margarit,
uno sobre los efectos del *Prozac*,
otro sobre *Cómo calcular estructuras*.

En la ventana es mediodía,
en nuestros cuerpos amanece.
Tú abres la regadera, yo escribo
sobre cómo se pierde tu cabello tras el agua.

Restos de sexo oral,
una cama vacía,
dos cuerpos en ayunas....
En busca de alimento.

SOBRE DOLORES DE MUELA

Ámame así, quítame el dolor.
Ya te dije que no soy como Marcos,
que, aunque quiero un mejor país,
yo no encuentro mi lugar en la insurgencia.
Mientras la selva chiapaneca fuera Zapatista
él se podía dar el lujo de fracasar en el amor:
Antes que poeta era Subcomandante.

Pero yo… Yo no tengo opción.
Yo soy poeta antes que nada.

CARBÓN

I

¿Por qué me quitas las preguntas de la boca?
Yo nunca he matado las palabras,
yo no merezco que me ignores,
yo amo más la duda que el silencio
¿Por qué me llenas la garganta de gusanos?

No sirve de nada.

Yo sé hablar con la voz hecha sangre
también puedo gritar
preguntitas con las manos.

II

El hombre de enfrente dice ser poeta,
pero parece periodista:
¿Por qué tu sangre es negra?
¿Por qué no te quedas quieto?
¿Por qué comes carbón hasta dormirte?

Pregunta y huye,
tiene miedo de hacerme las preguntas,
de que lo ponga en una caja.

III

Museo de torpe belleza negra son mis venas,
galerías de momentos fúnebres
que transitan por mi cuerpo.
Desde aquí les digo a mis muertos:
háganme un espacio por si acaso.
Estoy bien, pero…
¿A ustedes no les asusta este país,
esta necedad de ir andando?

TORPE INTENTO

El vapor de la ducha se libra de nosotros,
se exilia en la ciudad.
Le gusta ignorarnos,
perderse entre el smog,
pelar contra el humo de tu cigarrillo
para ver quién llega primero a la ventana.
No sé por qué se va
si es más de aquí que esta habitación
más de aquí que nuestros cuerpos.

Después de secarnos me dirás adiós
y el tiempo entenderá que se trata
de un torpe intento de olvidarnos.

ARREPENTIMIENTOS

No sé a dónde irán las cosas que evitamos,
los días que no fueron por el miedo,
las noches que dijimos algún día.
No quiero guardar en un cajón
el deseo atascado en la mirada,
mis manos atrincheradas por la culpa,
los besos que di pensando que eras tú,
la que al otro lado de la piel
se moría por mi boca.

MÉXICO

"¿Aquí también se llama México?"
Pregunta un menor a su madre
mientras unos policías golpean
a vendedoras ambulantes.

El sol se posa en las pieles
de la desesperación.
El azul de los uniformados
es sinónimo de sangre.

"Aquí, aunque no quieras,
sigue siendo tu país"
Susurro la respuesta.

POZA RICA

El cielo es rojo
porque roja es la huella del petróleo,
una luz que pocas veces se apaga
en un lugar donde el calor
es sinónimo de siempre.
No así nuestros cuerpos en short
con las piernas recogidas,
con mis manos en tus muslos
y tu piel más húmeda
que todo un año de ciudad.

Nuestros nombres se derriten
sobre la banca de un hotel,
todavía sin perdonarnos,
con la resaca del día anterior.
Tu pelo negro y ondulado,
tus ojos oscuros y tu boca
saben que esta tregua durará
lo que dura el viento por las calles.

Esta noche es incapaz de engañar,
no se engaña ni a sí misma
ni a nuestras pieles que salen a buscarse.
Se olvida de que el cielo es rojo
porque roja es la marca del deseo,
una luz que pocas veces se apaga
en un lugar donde el calor
es sinónimo de siempre.

EN LA PLAYA

Ahora que las olas chocan con los cuerpos
yo juego a hacer trincheras en la arena.
Ahora que estamos lejos
los policías preguntan por nosotros.

"Nos van a cuidar, chicos" dice una voz,
pero no sabemos el significado
de cuidar, de policía, de divertirnos.
"¿Entonces no nos van a matar?".

Qué momento este de clavarte en la imaginación,
ahora que el miedo de no volverte a ver
es parte de mis días.

VOLADORA DE PAPANTLA[2]

He llorado por ti, voladora de Papantla.
He imaginado tu rostro y tu vuelo,
tu cabeza contra el piso.
El calor no justifica tanta cólera,
ni este país tanto disparo.

He llorado por ti y por mí, voladora de Papantla.
Has abierto mi parte más sensible.
De pronto son míos tus recuerdos y tus sitios,
piedra sobre piedra,
                 nicho sobre nicho,
                         tiempo sobre tiempo.

Quisiera rescatarnos, voladora de Papantla,
no bajar,
             seguir volando hasta que todo cambie.
Quisiera que la tierra fuera justa,
ver viva a tu hermana,
olvidar los tajos del machete,
no caminar por tus calles mientras sangro.

He llorado por ti, voladora de Papantla.
Poco importa que me digan pinche chilango,
no hay lugar, ponte bloqueador…

Yo quiero respetarte, voladora de Papantla,
yo quiero verte viva.

[2] *Inmovilidad, Alejandro Paniagua.*

BAHÍA

Tus pies se ocultan en la arena oscura del golfo,
mi boca piensa en hacer con tus muslos un poco de poesía.
Te sacudo la playa con las manos,
                    compartimos el calor,
el sudor desnudo que nos pinta de salitre.

Lo sabes. Sé que lo sabemos.
Estás fabricando el dolor que sentiré
cuando tus muslos escriban
                    con alguien más
el poema que mi boca había pensado.

EXTRANJEROS

Calle de Cedaceros no. 3, casi esquina con Alcalá.
Un hombre, todavía joven y todavía poeta,
te avisa que los ojos del tigre están sobre tu piel.
No dices nada. No escapamos del calor,
de los 30 grados que amenazan los cristales,
de la insolación que invade nuestros cuerpos.
Solo nos queda confundir la sangre con el vino,
libar una a una las heridas,
fingir que nos conocimos en otro país
más antitético al deseo
y cercano a nuestras patrias.

CASI NADA

Casi muero y no lo sabes,
casi pinto de rojo los cristales de los edificios,
las líneas blancas que pisan los peatones.

Casi te olvido y no lo sabes,
casi me vuelvo alérgico al recuerdo,
a poner tu nombre en mi boca,
a compartir el mundo con tu ausencia...

Hoy descubrí que no fuimos "casi algo"
sino un largo adiós con breves
momentos de eufórica agonía.

HERIDO

Herido,
con costales en su espalda,
su barba ocre
y las manos llenas de pintura.
Sueña que vuela,
despierta frente a una florería
de pétalos de plástico.

Herido,
agarra aire con las uñas,
no se acuerda de su nombre
ni a qué sabe el agua
que brota de sus ojos.

Herido
parpadea, mira pies
de todos los tamaños,
edificios de cristal ígneo,
narices que le recuerdan
el irrefutable acto
de estar vivo.

MONÓLOGO

El poeta entra al teatro,
observa al público escaso
que puebla la penumbra.

Hola… Soy un país.
Estoy frente a ustedes
y estoy a punto de morirme,
lo demás es puro drama innecesario.

Estoy frente a ustedes
y ustedes van a matarme
cuando se aburran,
cuando salgan de aquí
y vuelvan a sus vidas.

El poeta se queda quieto
hasta que la última persona
abandona su butaca.

JUAN GELMAN EN TUS MANOS

Jueves de viajar en autobús,
de pensar en ti a cada rato,
de llamarte y escuchar tus palabras,
resistencia contra el ruido.

Jueves de escribirte un poema,
de darte un libro latinoamericano
sobre exilio y dictaduras.

Jueves de perder mis labios en tu boca,
de inventar nuevas formas
de explicarte que te amo:

Tu mirada es un país,
  yo…
       Su más terco habitante.

HIJOS DE PARRA

I

Yo que usted, mi general, tendría cuidado
con las antologías que lleven por nombre Poesía Reunida.
No vaya a ser que se levanten en armas,
que convoquen a paro,
que se vayan a sus casas
y nos dejen las páginas en blanco
o, peor aún, que formen un sindicato
para reclamarnos uno a uno sus derechos.

II

"¿Por qué cortas el papel con guillotina?
Era más fácil meterlo en una trituradora"
¡Por el amor de Dios!
La tinta y árboles desperdiciados
en documentos burocráticos se merecen
un descuartizamiento digno y silencioso.

III

Tontas hormigas salen de la tierra
y suben a la mesa a buscar un poco de comida.
Tontas hormigas me pican los pies
si se molestan porque piso el hormiguero.
Tontas hormigas me hacen quedar mal:
parezco un extranjero que intenta controlar
un territorio que nunca ha sido suyo.

IV

Primero que nada, no vengo a verlo a usted,
sino al hombre que está en decúbito supino.
Y no quiero abrazarlo a usted
sino a mis amigos que están sufriendo el luto.

¿Que no me conocía? Déjeme pasar,
no tengo una foto con el muerto
¡Ya lo sé!
Pero su hijo leía mi poesía.

Merezco despedirlo.

NUEVO MEXICANO

Soy un nuevo mexicano,
nací ayer con la carrera electoral
y tal vez muera depositado en una urna.

Soy un nuevo mexicano
y disfruto los debates.
Me gusta tomar partido
cuando los políticos discuten
quién ha sido más
amigo de la gente.

CRISIS

Quiero romperme en mil pedazos,
que el foco de la calle vea cómo me parto
y lloro
      y sangro
          y después poco a poco,
hago el noble intento
de empezar a construirme.

BOSSANOVA

La música de Gilberto y de Jobim
nos da el calor que el asfalto nos quita,
la noche se esconde,
la madrugada parpadea frente a nuestros ojos,
las calles de la ciudad nos dan un respiro
para que hablemos del futuro:
Salvo la posibilidad de morir poco nos consuela.

No importa si la bossanova se deshace
o las cortinas de los bares
se incendian al compás de nuestros pasos.

No importa si las luces desconocen el concreto,
si los elevadores no bajan al infierno,
si correteamos al amor
en esta ciudad que nos detesta.

ESCALINATAS

Abril entra por la ventana para sentarse en la escalera,
me mira con odio,
yo lo miro con asombro.

Abril habita mis pupilas con su zigzagueo firme,
con sus días de sol y sombra quietos,
como pinturas, como bailarinas sin trabajo,
como muros inconclusos.

HUESITOS

Hay huesitos de nosotros en la cama,
madrugan para ir al trabajo,
fingen que son adultos y aburridos,
desayunan, envuelven comida
en envases compatibles con el caos.

Los huesitos, bien perfumados, se van.
Nosotros nos quedamos en la cama.
Ellos vuelven famélicos,
llegan con la noche.
Nosotros tenemos lista la cena
y los desnudamos para el amor,
hacemos la cama para el amor,
los dejamos solos para que jueguen al amor.

Después los huesitos platican antes de dormir,
se cuentan chistes hasta encontrar el sueño
en medio de una blanca carcajada.
Los huesitos creen que lo saben todo,
que inventaron esa forma de abrazarse,
esa forma de poblar el suelo, la estufa,
los sofás desocupados,
esa gravedad que enfrentan cada día.

Nosotros, en cambio, sabemos que solo son huesitos,
que son frágiles,
que un día se irán y tal vez nunca vuelvan...

Ese día muerto serán otros
los que jueguen
a los huesitos, al amor.

ME HA DEJADO LA POESÍA

Ayer, una tarde sin tus labios,
me ha dejado la poesía.

Una nube escupió en mi cabeza
mientras confesaba su hartazgo
de mirarme a los ojos,
de acudir a mi lengua,
del tonto tacto de mis dedos.
Entonces mis ojos escupían mis mejillas.

Tengo miedo de olvidarla,
de que me olvide,
de que en un futuro se arrepienta
y venga a buscarme...
De que, para ese entonces,
mi boca ya no encuentre las palabras.

ESCENOGRAFÍA

El teatro de la facultad
prepara una nueva escenografía.
Yo, en el salón de ensayo,
descubro mi cuerpo sísmico,
        los ojos enfermos de pastillas,
los tubos del desagüe que abortan las lecciones.

El martes me sentaré en una butaca
para ignorar que la huesuda me persigue,
        que respira a mi espalda,
   que se burla de mis días,
estos días dolorosos de calor
        que promueven la distancia
entre dos actores principales.

NUNCA QUISE

Nunca quise ser poeta
ni perderme un gran amor
por ser un tipo raro.
Nunca quise plasmar el luto en un cuaderno
ni buscar el odio en el interespaciado de los versos.

Sucede que la poesía llegó cuando comía tierra,
cuando mi boca era cielo negro,
cuando mis labios eran laberintos
para lombrices hambrientas,
cuando la mirada era un hormiguero
construido en un puño de azúcar.

Sucede que soy poeta,
que me perdí un gran amor
por ser un tipo raro.

AUSENCIA

Esta ausencia cierra la ventana,
se desnuda,
come torpe de mi mano
si me sobran las palabras.

Esta ausencia me trepa,
fuma en la ventana,
llega cansada del trabajo.

Esta ausencia me cuida,
me come,
recoge mis secretos.

Esta ausencia se viste
de piernas y senos,
cuerpo negro, cuarto rojo.

Esta ausencia es mía, solo mía,
por desgracia: incompartible.

FIESTA DE DISFRACES

Parece que fue ayer
cuando nos disfrazamos de pareja,
cuando un Peaky Blinder era el alma de la fiesta
mientras un canguro envuelto en medias de red
se besaba con una colegiala.

Ya no están Freddie Mercury comiéndose un conejo
ni las sexys policías que arrestaron a un falso Che Guevara.
De aquellos días solo quedan las resacas con vómito,
los retratos con celebridades malformadas,
mi camisa manchada por un panda enamorado
que lloró sobre mi hombro,
como un presagio del mañana.

ESTE PAÍS

Es algo más que fronteras
y trenes con cuerpos sobre trenes,
o más que trenes que aplastan personas
que querían llegar a la frontera.

Este país arde y vende las pupilas,
quema sueños, pieles de extranjeros,
paisajes áridos de tormentas
y selvas bajo fuego.

Es algo más que notas rojas,
es algo más que agua sucia:
Un corazón con arritmia
que a veces se equivoca
y funda pueblos.

31 DE DICIEMBRE

Mañana no caerá el fascismo
ni renovaré mi autoestima
ni olvidaré que debo olvidarte.

Mañana no dejaré los cigarros
ni seré un macho de gimnasio
con aires de Tarzán
adicto a los espejos.

Si quieres quererme
se hizo tarde,
la pasión es alérgica a los años;
si quieres odiarme
llega a tiempo,
aquí está tu poeta.

ENRIQUE

No hay libros de González Rojo Artur,
me traen de un lado para otro,

las obras de Pavese valen más que mi comida.
"Pero tenemos primeras ediciones":

Esta feria del libro popular
es muy inasequible.

ANIMAL

Por la ciudad,
peleándote con las avenidas,
con sus zapatos estériles,
con sus vestidos de oficina
y sus ladridos de perros extraviados.

Gastas piernas en caminos angostos
donde los árboles juegan con tu sombra,
los edificios son gigantes sin boca ni pupilas
y el sol reflectado en el capó de un auto te deslumbra.

El periódico adivina tu porvenir
de animal en decadencia:
Mañana no será un nuevo día,
mañana estarás más herido
y cerca de la muerte.

1 DE ENERO

Cambio camas por cajas funerarias,
tardes por arena contra duelos.
Atascado en los días de diciembre
puedo afirmar, después de doce uvas,
que enero nunca resucita a los mortales.

AYER LA PIEL

Ayer la piel,
hoy el saxo en el tímpano de hielo,
la ropa sucia de tierra arrancada por el aire,
los árboles que expatrian hojas amarillas,
los ojos que contagian el invierno.

Los días sin piel en los labios no valen la pena,
pero se tienen que vivir...
porque la primavera es hija del invierno,
porque placer es sinónimo de luto,
porque la boca necesita
aprender a tener hambre.

PERIFÉRICO

Tantos autos, tantas ventanillas
y semáforos arrítmicos.
Tanta altura, tantas cúpulas,
tanta soledad:
El estadio vacío,
mi rostro descompuesto,
recuerdos de luciérnagas…

El tono morado de las jacarandas
nunca me había sido tan triste.

TEATRO

Todavía no sé
si debo seguir haciendo reír al público
o bajar el telón y nunca más volver al escenario.
Los elevadores son una bomba de tiempo,
arriba y abajo son lo mismo en las pupilas agrietadas.

En mi boca la brisa de una playa
se vuelve una oración;
El sol, el flash incómodo
de una cámara fotográfica;
los cuerpos, marea de malos pensamientos
y decisiones equivocadas
que pronto van a hacerme daño.

POR AHORA

Algún día tomaremos café en no sé qué avenida
y nos diremos te amo,
con la honestidad amarga del líquido negro
que hoy pasea en nuestras bocas.

Por ahora negamos los adioses
que anteceden a la herida,
y nos refugiamos en el tiempo.

Por ahora pido la cuenta,
insistes en pagar, pero te gano,
nos perdemos en Reforma,
entre la lluvia y las pieles
heridas de los extranjeros.

ACCIDENTE

Cuerpos rotos de sofá
bajo la lluvia del tinaco
destruyen el vapor para encontrarse
y ser bosque en la neblina,
cabaña en medio del bosque,
fuego que arde y truena la madera.

FRAGMENTOS PARA EL LUNES

I

Las sillas de casa que nunca se utilizan
son equivalentes a la esperanza
que tenemos de estar acompañados.

II

Las risas de la calle
son gotas de pánico en mi puerta,
la sangre que derramo en las cortinas,
las huellas de mi incertidumbre
                          por el suelo.

III

No puedo dormir...
la culpa es de la sangre en las noticias,
de la prensa
                o del asesino
                          o del arma
                                    o es mía
por pensar quién es el culpable.

IV

Han vuelto los zancudos y el incienso,
esa guerrilla asfixiante
que se libra por encima de la piel.

V

Tengo distintos planes
y buenas estrategias,
pero es lunes
y los lunes solo trabajan los pulmones.

VI

Los vendedores recogen sus locales:
ese empalme de cajas que ahuyenta a Morfeo
es el ruido del silencio
o el regaño oportuno de la muerte
para hacerme entender que sigo vivo.

VII

Hay ruidos de pisadas en el patio,
alguien abre el zaguán
y los gatos atienden al llamado:
no veas donde miran los gatos
si no quieres ver dónde miran tus miedos.

VIII

Los hijos de mis vecinos juegan a la pelota,
rompen un cristal y lloran
porque les han prohibido jugar:
Es un buen ensayo de adultez.

IX

Todo es divertido
hasta que el lenguaje escasea
y el delirio me persigue.
Todo es comodidad
hasta que escribir se vuelve
parte del fracaso.

X

Cumplir años en lunes
debería ser una experiencia única
y reservada
solo para los más privilegiados.

ARRITMIA

Besos de piel humana a la marea son los niños
que juegan a clavarse en el agua,
desaparecen un rato, después escalan rocas
donde los creyentes del amor dejan su rastro.

También están los cuerpos
que en la arena juegan a olvidarse,
el mar azul, arrítmico,
que contamina la ciudad, nuestro deseo.

CINCO COSAS QUE SÉ QUE SABES
Y UNA METÁFORA DE LIBRERO:

I
Sabes que amo saciar tu hambre con cachitos de mi
cuerpo,
que a mi boca le hace falta tu sudor,
que nuestros oídos echan de menos las palabras
que musicalizan el incendio.

II
Sabes que este bochorno invoca
la manía tan nuestra de jugar a los católicos,
de espantar a los vecinos,
de bañarnos con agua santa
después de un día de pecado.

III
Sabes que extraño ir a oscuras al almacén de los deseos,
que se me escurra por mis manos tu piel de mascabado,
que mi boca ensucie tus pies,
que tus piernas lluevan sobre mí.

IV
Sabes que este calor me recuerda a nosotros,
que esta humedad me hace daño,
que todavía sigo buscando tu cadera
por debajo de las sábanas.

V

Sabes que nos salían bien los encuentros
para hacerle guerra a la rutina,
la fuerza con que las manos se adhieren a la cama,
las miradas depredadoras que anticipaban
las noches de carne, miel y vino.

METÁFORA DE LIBRERO

Éramos dos libros abiertos que entrelazaban
sus páginas en una habitación de hotel:
Texturas de papel en fricción por nuestros labios,
lenguas húmedas entre cuartillas áridas,
manchas de tinta roja en el desierto.

Pero alguien decidió que no somos compatibles.

JETLAG

Me despierto a las tres de la mañana
para observar las luces apagadas de los edificios,
la luna que se esconde tras las nubes martajadas,
los jóvenes franceses ebrios, maltratados.

Me despierto para llamarte, quiero oír tu voz.
Le dices a tu madre que es la única hora
en que tú y yo podemos poner en juego las palabras.

Te digo que te amo, no respondes.

El silencio me persigue por la noche,
hasta que amanezco en una ciudad muda
de bocas con crisis existenciales:
no encuentran motivo en este mundo.

¿No te das cuenta?
Tu desamor
no tiene horarios para llevarme a la cama.
Tu desamor enmudece
las ciudades.

CATEDRAL

Cambio el cielo herido de la ciudad
por tu cielo fractal de colores,
cambio tu virgen de oro
por el muslo herido de una prostituta.
Te besaría hasta quedarme sin labios,
te lamería hasta caer muerto
en los escalones que ensuciamos los turistas.

BILBAO

Vengo a saldar cuentas pendientes,
no me importa el Guggenheim,
ni el mar Cantábrico ni el Golfo de Vizcaya.
Esto se arregla en una habitación
bajo la lluvia ibérica
que espanta a los nudistas,
y a los opositores del deseo.

AGUA DE GRIFO

Vigilo los pies de los transeúntes,
con cierto estupor canibalístico y optimismo erótico:
Quiero llevarme a la boca
algo más que no sean cenizas
ni junios ni agua del grifo maltratada.

Quiero pies de transeúntes,
plantas que sepan a limón
uñas sabor uva,
empeines color canela
que alimenten mi garganta
e hidraten mis labios
que se niegan a morir de calor
en esta ciudad de pieles frías.

LA VERDAD

Disparo las palabras equivocadas
como un suicida que dispara
balas de goma en su garganta.

Te he dicho que ya no te amo,
que ya no sueño con nosotros,
que en esta ciudad es más fácil
encontrar el olvido
que tu cuerpo me prohíbe.

Como el suicida soy cobarde:
No es más dolorosa la mentira,
               el plomo de goma,
que la verdad,
que seguir vivo.

ADIOSES

Los jóvenes se arrastran por la arena,
las mujeres con falda y tacones
llevan maletas en sus manos.
Llegan a mis ojos el salitre
y las novias que nadan desnudas en la playa.

Cuento los minutos que faltan para extrañar este paisaje:
Desde hace tiempo solo creo en adioses.

Adioses de barcos que braman su partida,
adioses de nombres que se olvidan de las bocas,
adioses de silencios que vierten su venganza
sobre las ciudades del sur...
Torpes ciudades inocentes,
sin su canción mediterráneo
ni ruido de aves y palmeras.

Esta ciudad no sabe
que solo pienso en ti ni que tu adiós
ha entristecido la marea.

CONVERSACIÓN

¿Por qué llegaste tarde?
Vengo de un funeral.
¿Y tenía que venir ella?
¿Quién?
LA MUERTE.

ADVERTENCIAS

I
Estas letras forman parte de un poema,
un museo donde Olvido tiene dueño,
Amor promete próxima apertura,
Muerte y Genocidio se televisan,
País se subdivide en:
Desaparición,
              Belleza,
                      Asesinato.

II
Como se puede ver este poema
no es un museo de palabras privilegiadas
en resguardo de vigilantes que respiran a la fuerza
y escriben como quien camina
porque tiene miedo de parar
y nunca más volver al movimiento.
Si usted, Lector, busca eso
se ha convertido en pura carne y esqueleto
que se conmueve hasta llorar,
pero no se convence de la muerte.

III
Por museos como este detestará museos oficiales.
Si la realidad le genera ansiedad, no se preocupe
que para eso existen los poemas.
Si los versos lo deprimen, no se preocupe,
todos algún día moriremos.

LOS PARAGUAS

Que huyen de las manos
son aliados del viento y de la lluvia,
bracean en el aire espeso de las calles
y cambian de dueño o de destino.
                              Nunca se sabe.
Los paraguas que huyen con el agua
juegan al olvido, se vuelven extranjeros,
aprenden a cruzar fronteras invisibles.

VERANO

I

Verás cómo un beso cae por tu cuello
y se refugia en tu hombro,
cómo la sombra ensucia las fachadas,
cómo los animales aprenden a sangrar,
cómo las manos conspiran con la lluvia.

Verás cómo un niño pide auxilio,
cómo una madre busca a otra madre,
cómo me voy y pido ayuda,
cambio mi profesión de amante a poeta,
en las fronteras del verano.

II

Así, yo recordaré este verano,
con la ausencia, con la sensación de estar parado
en la orilla de mi infancia
o en el principio de mi vida.

"busca trabajo"
"no puedes ser poeta"
"sueña cosas más reales"
Así, yo recordaré este verano
con la incertidumbre,
con las deudas del amor que tengo que pagar,
con la falta de fe en los bolsillos.

ÍNDICE